Stille

SEI STILL UND WISSE – ICH BIN GOTT!

Finde die heilsame Stille in Dir

Die Lebendigkeit des Seins

im Hier und Jetzt

erfahren

Hier

Stille

Sein

Leben

Gott

Jetzt

Ein Lese- und Bilderbuch für die Seele

von Detlef Rathmer

Bibliographische Information der Deutschen Nationalbibliothek
Die Deutsche Nationalbibliothek verzeichnet diese Publikation
in der Deutschen Nationalbibliographie, detaillierte Daten
sind im Internet über http://dnb.d-nb.de abrufbar.

Detlef Rathmer

Sei still und wisse – ich bin GOTT!

Finde die heilsame Stille in Dir

Die Lebendigkeit des Seins im Hier und Jetzt erfahren

ISBN: 978-3-837040-21-0
1. Auflage 2009
Detlef Rathmer
Graute Laun 15
D-48727 Billerbeck/NRW
Im Netz: www.sehgal-schule.de
E-mail: detlefrathmer@online.de
Lektorat und Endkorrektat: Detlef Rathmer
Gestaltung Umschlag: Detlef Rathmer
Gestaltung Innenteil: Detlef Rathmer
Foto des Umschlags: rotznase/aboutpixel.de
Fotos Innenteil: mona1717/aboutpixel.de (S. 9), kmulterer/aboutpixel.de
(S. 19), hampel99/aboutpixel.de (S. 27), th-photo/aboutpixel.de (S. 33),
dommy/aboutpixel.de (S. 37), peterehmann/aboutpixel.de (S. 47),
nero-t/aboutpixel.de (S. 55), freerider/aboutpixel.de (S. 61)
Herstellung und Verlag: Books on Demand GmbH, Norderstedt

Hinweis des Autors

Dieses Buch widme ich

- in Stille -

allen Menschen auf dieser Erde.

Inhalt

1. „Sei still!"

Dies ist ein Buch über die *Stille*. Es ist nicht besonders umfangreich, aber die Stille entzieht sich ohnehin jeglicher Worte. Trotzdem können bestimmte Worte auf die Stille hinweisen, Dir den Weg weisen. Die folgenden sorgfältig ausgewählten Worte sind eine *Einladung an Dich*, den *Raum der Stille in Dir* zu betreten, um darin das Leben zu feiern. Die Einladung ist aber noch nicht die Feier selbst. Daher freue Dich bitte nicht nur über diese Einladung, sondern *gehe über die Worte hinaus* und mache Dich auf den *Weg zu Dir selbst*, in den inneren Raum der Stille, zum *Fest des Lebens*.

Tief in Dir ist eine Instanz, nennen wir sie zunächst einmal das *reine Bewusstsein*. Dieses Bewusstsein schläft niemals, ist stets wach und aufmerksam, selbst wenn Du schläfst, selbst wenn Du einmal gestorben sein wirst. Es ist das *Leben in Dir*, auch die *Stille* genannt, die ewig ihr Licht auf die Erscheinungsformen der Welt wirft in dem endlosen Kreislauf der Natur.

Werfen wir unseren Blick nach innen auf diese Instanz, verändert sich unser ganzes Leben, denn zuvor suchten wir im Außen nach unserem Glück, nach Erfüllung, nach uns selbst, doch vergeblich. Nun aber erkennen wir *uns selbst* in der *Tiefe unseres Seins*, sofern wir den Blick nach *innen* richten und finden *hier* und *jetzt* das *wahre* Glück, den *wahren* Frieden, der den Verstand übersteigt.

Paradoxerweise hat diese Sichtweise unmittelbaren Einfluss auf das, was wir „unser Leben" nennen. Es kann nicht anders sein, denn das Äußere spiegelt sich nur im Inneren, *wie innen so außen!* Daher ist es sinnvoll und segensreich, den Weg nach innen zu uns selbst anzutreten, denn wenn wir unser *wahres Selbst* hinter dem Schleier der Formen erkennen, erkennen wir auch das lebendige Sein hinter allem Existierenden, welches wir in letzter Konsequenz *tatsächlich sind*. Wir erkennen uns also selbst *jenseits* der äußeren Formen, wir erkennen unser *wahres Selbst*, wir sind mit einem Mal *selbst-bewusst!*

In uns ist ein zeitloser, weiter Raum der Stille, der immer da ist, immer schon da war und immer da sein wird. Wir können diesen Raum *erkennen* durch unser Gewahrsein, wenn wir den Weg nach innen antreten. Wir entdecken dann das Gewahrsein, dass wir sind in diesem *einzigen Augenblick* des Seins. Das Sein kennt keine Vergangenheit und keine Zukunft, ja nicht einmal eine zeitliche Gegenwart – das Sein *ist* und ruht *zeitlos* in Dir!

Durch diese Realisation, durch dieses *Erkennen*, wer wir in der Tiefe *wirklich* sind, erwachen wir zu *wahrem Leben!*

Dieses Gewahrsein unterliegt weder Zeit noch Raum, es ist dasselbe Gewahrsein, dass Du bei Deiner Geburt hattest, während Deiner Kindheit und Jugendzeit, welches Du auch in *diesem Augenblick* erkennen kannst, denn auch jetzt *bist Du es!* Es ist das *Leben selbst* in Dir, welches kein Gegenteil kennt. Du kannst es daher nicht verlieren, selbst dann nicht, wenn der Tod zu Dir kommt, denn Geburt und Tod unterliegen dem *ewigen Wandel* und der Zeit, Dein *wahres Selbst* jedoch bleibt davon *unberührt in ewiger Stille!*

Es ist *DAS*, Deine *So-Heit*, Dein *Da-Sein*, das in der Tiefe liegende *„Ich bin"*. Einige Menschen nennen es auch die *„Gegenwart Gottes"*.

Über den gesamten Erdball verteilt gibt und gab es zu allen Zeiten und in allen Kulturen verschiedene Bezeichnungen für das *Eine, das Unnennbare*. Es folgt nun eine Aufzählung der auch heute noch gebräuchlichen Namen für das, was man eigentlich nicht benennen, worauf man aber mit Worten hinweisen kann, da man es dem Wesen nach *sein* kann in *jedem Augenblick des Lebens*:

Stille

Nichts

Raum

Christusbewusstsein

Innen

Heil

Innerer Friede

Das edle Wahre

Bewusstsein

Seele

Gewahrsein

Der stille Zeuge

Bewusstheit

Beobachter des Lebens

Satori

Das wahrnehmende Bewusstsein

Das Sein an sich

Das Zeitlose

Wer ich bin

Das Höchste

Leere

Das Leben selbst

Fülle

Die Realität

Nicht-Dualität

Das wahre Wesen

Erleuchtung

Der Diamant im Inneren

Das innere Licht

Die letzte Erfahrung

Der große Geist

DAS

Die Essenz

ES

Die mystische Hochzeit

Samadhi

Buddha-Natur

Selbst-Realisation

Wahrheit

Erwachen

Liebe

Der göttliche Funke

Gott

Wirklichkeit

Nirwana

Der innere Seher

Himmelreich

Das dritte Auge

Das wahre Selbst

Weisheit

Stiller Geist

Die Gegenwart Gottes

Aufmerksamkeit

Gegenwärtigkeit

Achtsamkeit

Klarheit

Wachsamkeit

Das gläserne Element

TAO

Das ursprüngliche Gesicht

Das Göttliche

Das Todlose

Das tiefe „Ich Bin"

Alles was ist

Ewigkeit

Unsere wahre Natur

Jetzt

Der Ursprung

Der tantrische Raum

Das torlose Tor

Kosmisches Bewusstsein

Der unbewegte Beweger

Diese Aufzählung stellt nur einen kleinen Teil von unzähligen Hinweisen auf das dar, was *unnennbar, neutral, eigenschaftlos* und *still* in uns ruht, *ewig* und *unbewegt*.

Worte allein vermögen es nicht, diese Dimension in uns hinreichend zu erfassen, sie können uns bestenfalls eine Ahnung verschaffen und uns damit eine Richtung geben. Die *lebendige Umsetzung der Worte in unser praktisches Leben* ist die Aufgabe jedes einzelnen von uns, wir dürfen nicht an der Oberfläche der Worte „kleben" bleiben, sondern müssen die Worte hinter uns lassen wie Wegweiser, um an das Ziel jeder menschlichen Suche zu gelangen: Das *formlose Sein*, welches lebendig in uns ruht, ja welches wir essenziell *sind* in jedem Augenblick des Seins – *die Stille!*

2. „Sei anwesend!"

Dieser innere Friede, diese Stille ist hier und jetzt *gegenwärtig* in diesem Moment, weil es in der Tiefe des Seins nur *diesen einen Moment* gibt, nur an der Oberfläche der *sog. objektiven Welt*, der Welt der Erscheinungen und Objekte gibt es viele „Momente", aber aus der Perspektive des Seins, des stillen Zeugen in uns, des stillen Gewahrseins, des ewigen und einen Subjekts, gibt es immer nur diesen *einen* Augenblick, *ist es immer jetzt!*

Derartige Aussagen kann unser Verstand nicht begreifen, da er nur im Bereich der Formen "funktioniert", das, worum es aber in diesem Buch geht, die *Stille in Dir*, kann der Verstand nicht fassen, da die Stille unfassbar und unbegrenzt ist und sich jeglicher Analyse durch unseren Verstand entzieht.

Wir finden die Stille nur in *diesem* Augenblick – *hier und jetzt!* Je weiter wir uns der Stille im Hier und Jetzt nähern, uns diesem Raum inwendig in uns öffnen, desto größer wird unser menschliches Potential!

Die Stille ist in Dir und um Dich herum, grenzenlos, eine *Still-Heit*, die *eine Quelle*, aus der heraus das gesamte Leben in allen seinen manifestierten Formen in Erscheinung tritt und früher oder später dorthin zurückkehren wird. In jedem einzelnen Moment des Lebens *(Sichtweise des Verstandes)* und in dem *einzigen Augenblick*, den es gibt bis in alle Ewigkeit *(Sichtweise des lebendigen Seins)* ist diese Stille in Dir, ja *bist* Du diese lebendige Stille, aber bewusst wird sie nur dadurch, dass Du *achtsam* ihrer gewahr wirst, ihrer Wahrheit lauschst – *jetzt!*

In dieser wahren Stille ist *Dein So-Sein* enthalten in jedem Moment, in dem *einzigen* Augenblick, den es gibt, diese Stille ist Dein tiefes Sein, Dein *tiefes Gewahrsein!*

Wir erkennen nun, dass es zwei Sichtweisen gibt, die *Sichtweise des Verstandes*, der *analysiert* und die *Sichtweise der ganzheitlichen Betrachtung des Seins*, der *Seinsfühlung*, die wir in uns als *heilsame Stille* erfahren können. In meinen Buch *„7 Wege zu Dir selbst"* habe ich *sieben Bewusstseinsübungen* beschrieben, die uns mit dieser Instanz in uns verbinden können. In diesem Buch geht es darum, diesen Bewusstseinszustand des *Nichtdenkens*, des *stillen Gewahrseins*, den wir durch die einzelnen Übungen entdecken können, in uns zu *vertiefen*. Dadurch vertieft sich gleichzeitig die *Qualität unseres Daseins*, wir gehen tiefer zum Grund aller Dinge – zum *Seinsgrund!*

Wir dürfen diese Quelle der Glückseligkeit nicht mehr übersehen, sollten sie uns *bewusst* machen, *innerlich wahrnehmen* und dadurch unsere *wahre Natur* erkennen, die uns näher ist als unser Atem und unser Herzschlag, näher als unsere Hände und Füße!

In diesem *stillen Raum der Gegenwärtigkeit* entfaltet sich das Leben und alles findet darin seinen *Ursprung*, noch bevor das Denken, die Gefühle und die objektiven Erscheinungen des Lebens sich daraus manifestieren. Diese *tiefe Stille* erlaubt es uns, im *Zustand des reinen Seins* zu verweilen und hierin *frei* zu sein. Alles, was Du brauchst, alles, was Du jemals gesucht hast in Deinem Leben, alle Hoffnungen und Zweifel, *alles* in dieser Welt findet Raum in dieser Stille, die Du bist.

Alles, was Du wirklich benötigst, ist *aufzuhören* mit der Suche im Außen und *einfach zu sein – Jetzt!*

Dann erkennst Du, es gibt nur diese *reine Stille*, aus der *alles* entsteht und in die alles vergeht. Deine Suche endet dann, denn Du erkennst, dass Du Dich nicht mehr *da* suchen musst, um Dich *hier* zu finden. Hast Du Dich einmal hier gefunden, gibt es keinen Grund, die Suche dort in der äußeren Welt fortzusetzen, die Zeit in Dir steht fortan *still* und das Leben wird verblüffend *einfach!*

In der Stille entfaltet sich die *bedingungslose Liebe* als Gefühl der *Verbundenheit mit allem Sein* in dieser Welt!

Diese Stille, den Geschmack der Stille, musst Du in Dir erkennen, es gibt keine Worte, die diesen Zustand exakt beschreiben könnten, denn Worte sind nur Hilfsmittel, aus dem Verstand geboren, sie sind Wegweiser der äußeren Welt, die nur auf die Wahrheit in der Tiefe, auf die Wahrheit in uns hinweisen können, ohne sie jedoch zu sein. Das *Sein* entfaltet sich erst durch die *Anwendung* dieser richtungsweisenden Worte in unserem Leben. Plötzlich fallen alle Erwartungen an das Leben ab von Dir, Du spürst, dass in der Tiefe des Seins *alles gut ist, so wie es ist.* Alles Wollen und Verlangen wird bedeutungslos und ein immenses Gefühl der *Dankbarkeit dem Leben selbst gegenüber* erfüllt Dich im Innern!

Wenn Du für einen Augenblick aufhörst mit dem Lesen, ja für wenige Momente aufhörst mit allen gedanklichen Überlegungen, und nur schaust auf *diesen einen Moment*, kannst Du *das* erkennen, was Dich Dein ganzes Leben begleitet in Dir, *still und zeitlos.* Dieses *Gewahrsein* dessen, der Du *wirklich* bist, dieses *tiefe Erkennen des Seins an sich*, des aus der Mitte unseres Lebens entspringende „*Ich bin*", kann von unserem Verstand nicht erfasst werden, da es sich jenseits konzeptuellen Verstehens befindet. Es ist kein Konzept, kein Gefühl, nicht einmal ein geistiger Zustand. Es ist auch kein weiteres Bild, welches auf unserem inneren Bildschirm erscheint, es ist *die Leinwand selbst,* auf der alles erscheint und alles vergeht. Die Heiligen und Mystiker aller Zeiten sagen uns, das dieses *Gewahrsein* oder *Bewusstsein* das *Licht* ist, das unser Leben sichtbar macht, der *Urgrund unseres Sein*s, unsere *wahre Essenz!*

Was ist es also, was stets in Dir ist, Dich *permanent* begleitet, Dir näher ist als alles andere, was jenseits von Stimmungen, Emotionen und Gedanken liegt?

Schaue auf das, was *im Herzen Deines Seins* liegt, wovor normalerweise der größte Teil der Menschheit immer noch davonläuft, was *so nahe liegt*, das wir es *ständig übersehen*.

Bislang folgtest Du womöglich lieber einem Glauben, irgendeiner Tradition, den Worten anderer Menschen oder Lehrern. Lassen wir jedoch nur für einen Moment das alles außen vor, unsere Gedanken, unsere Vorstellungen und Gefühle, lassen wir für einen Augenblick *alles* los und schauen auf das, was übrig bleibt. Und dann frage Dich: „*Wer bin ich wirklich?* Was ist der tiefe Sinn des Ganzen jenseits des gedanklichen Verstehens?"

Wenn Du auf diese Weise *wirklich aufmerksam* auf die Stille in Dir lauschst, erkennst du, dass diese Stille nicht nur die Abwesenheit von Geräuschen bedeutet, sondern der *Urgrund*, die *Basis Deines Seins* ist. Hier angekommen musst Du nichts herausfinden, beweisen, überprüfen, rechtfertigen, denken, fühlen, verbessern. *Horche* nur mit Deinem *gesamten Sein* auf das, was hier und jetzt ist! Du entdeckst schließlich in Deiner Tiefe den *Urgrund allen Seins*, das Wunderbarste, was Du je entdecken kannst! *Du findest Dich selbst!*

3. „Sei nichts!"

Aber wir finden diese Stille in uns, uns selbst, nur dann, wenn wir mit jeglicher Suche im Außen aufhören, *mit allem!* Dann können wir endlich *sein, wer wir sind!*

Beende also nur für *diesen Augenblick,* den *einzigen Augenblick, den es gibt,* Deine Suche, Dein Verlangen, die Kontrolle, Deine Bedürfnisse, Deine Macht, Deine Wünsche, Deine Zweifel, Dein Greifen nach Menschen und Dingen, Dein Beten, Dein Beschützen, Dein Träumen, Dein Manipulieren, Deine Ängste und Befürchtungen, Deine Sehnsucht, Dein Warten auf eine bessere Zukunft, Deinen Glauben, Dein Festhalten, Dein Begehren, Deine Vorstellungen und Dein Denken! Gib Dich nur für *diesen Moment* der *Präsenz des Seins* hin und werde, besser noch, *sei still!*

Wenn Du nur für diesen Moment *alles* beendest, bleibt dennoch etwas übrig – und *das bist Du* in Wirklichkeit!

Es ist die *Stille*, rein, real, unbenannt, sanft, sehr subtil und doch *sehr lebendig, voller Gelassenheit* und *voller Frieden*. Von diesem zeitlosen Punkt in Dir aus – von innen nach außen – ist wahre Freude und Freiheit *lebbar*, plötzlich bist Du nicht mehr auf dem Weg nach Hause, nein, du bist *zu Hause angekommen!*

Die reine Stille ist *reines Nichts, reine Leere*. Kann man sich diese Leere überhaupt vorstellen? Sie ist kein Ding, kein Gedanke, kein Gefühl, sie hat keine Form, sie ist das *formlose Element in Dir*, welches *ewig* in Dir ruht. Es ist die totale Leere – unvorstellbar und doch ewig real. Kannst Du Dir diese totale Leere vorstellen? Nein, unmöglich, denn Dein Verstand wird es nicht vermögen, er ist dazu nicht fähig, denn er funktioniert nur in den Kategorien der Zeit, das *zeitlose Tor zur Ewigkeit* bleibt ihm verschlossen! Und doch ist diese totale Leere der Urgrund allen Seins auf dieser Welt. Alles, was ist, existiert in dieser Leere, in dieser Stille, in diesem Nichts, ist umhüllt vom Sein *an sich*, durchdrungen von *ewiger Gegenwärtigkeit!*

Sind wir nun aber diese Stille, diese Leere, dieses Nichts, bedeutet das, dass wir in Wahrheit *nichts* sind! Dieser Gedanke widerstrebt dem Ego, aber nur durch unser *Einverständnis, nichts zu sein*, unseren Empfindungen, Gefühlen, Gedanken zu erlauben, im Nichts aufzugehen, also innerlich *alles loszulassen*, nur dadurch überwinden wir unser Ego, unser fiktives Selbstbild, und finden auf diese Weise *unendlichen Frieden* in uns!

Das größte Paradox liegt darin, dass wir im „*Nichtssein*" großen Frieden, wahre Freiheit und tiefe Freude *im Sein* finden. *Zu erkennen, dass man nichts ist, ist Weisheit!*

Das Wunder der Stille, des Seins, der Leere, der Bewusstheit ist, dass es nichts gibt, was Du aktiv tun müsstest, um Dich zu finden. Denn die Stille, das Sein, das Du bist, ist *jetzt* schon da und muss *nicht erst noch erworben werden*. Aber durch unsere starke Konditionierung, durch vielerlei Glaubenssysteme, Konzepte, Methoden, Philosophien und Lebenstechniken in Form detaillierten Wissens über die äußere Welt wurde unsere wahre Natur, der wir als Kleinkinder noch überaus gewahr waren, immer mehr verdeckt und dadurch tief verschüttet.

Was wir jedoch ständig übersehen, aber wirklich benötigen zu einem *Leben in Fülle*, ist die Erkenntnis unserer *wahren Natur* in uns. Jesus sagte, dass das Himmelreich inwendig in uns sei, und wir sollten es wagen, genau dorthin zu schauen, unseren Blick auf unser Zentrum in uns richten auf das, was *immer da ist, immer stabil*, das, was Dir Deine *wahre Identität* gibt. Aus diesem Gewahrsein Deiner selbst heraus kannst Du Dein Leben still und friedlich fortsetzen, Du befindest Dich nun *stromaufwärts* an der *Quelle des Lebens* und kannst von dort aus mit genügend Abstand als *stiller Beobachter* das bunte Treiben an der Oberfläche Deines Daseins verfolgen, gelöst und entspannt, *verankert* in Deinem *formlosen Sein!*

Die Identifikation mit den Formen der äußeren Welt verblasst dabei immer mehr, insofern lernst Du durch das Erkennen Deines wahren Wesens nach und nach das Sterben während Deiner Existenz hier auf Erden. Der physische Tod jedes Menschen ist insofern die *Krönung der leiblichen Existenz!* Diese Worte klingen für das kleine vom Verstand beherrschte *fiktive Selbst* (Ego) in uns, welches sich mit den Formen dieser Welt *identifiziert*, bedrohlich, es fürchtet sich vor dem Tod! Gehen wir jedoch tiefer und verwurzeln uns damit im Sein selbst, verliert der Tod allmählich seine bedrohliche Wirkung auf unser Dasein und paradoxerweise verlieren wir dadurch auch die Angst vor dem Leben, wir leben fortan bewusster, freier und unbeschwerter!

Du und ich und jeder Mensch wird sterben, aber der Tod ist gleichzeitig das Tor zu uns selbst, denn wir verlieren durch ihn alles in der Welt und kehren zurück zu unserem *Urgrund*, zur *zeitlosen Quelle*, die wir schon zu Lebzeiten - *auch gerade jetzt!* - erfahren können und die wir hier die *Stille* nennen. Der Tod ist unser Schicksal als einmal in die Welt geborener Mensch, alles Kämpfen, alles Greifen und alle Kontrolle wird durch ihn beendet, ob wir es wollen oder nicht!

4. „Sag` Ja!"

Besonders groß ist die Angst vor dem Tod bei Menschen, die niemals den Weg nach innen eingeschlagen haben, denn diese Menschen kennen nur die eine Seite der zeitweiligen Existenz hier auf Erden. Den *formlosen, zeitlosen Aspekt des Seins* jenseits der äußeren Welt kennen sie nicht und daher ist die Angst vor dem Tod, die Angst vor dem Nichts, die Angst vor der ewigen Leere derartig groß, dass sie auch während ihrer Existenz auf dieser Welt nichts wissen möchten von der Stille in ihnen. Je mehr wir uns nun entfernen von unserer *wahren Heimat*, desto größer wird die Angst vor dem Leben und vor dem Tod. Je mehr wir uns aber vertraut machen mit dieser *formlosen und ewigen Dimension in uns*, je mehr wir das Leben in uns willkommen heißen, desto mehr nehmen wir an *diesem einen Leben* teil und verlieren zunehmend die Angst vor dem Sterben, weil wir innerlich erkennen und anerkennen, dass Geburt und Tod zutiefst natürliche Vorgänge sind, denen wir durch ein *bedingungsloses „Ja"* zum Leben alles Bedrohliche nehmen!

Wenn wir *wirklich* erkennen, wer wir in Wahrheit sind, verliert der Tod seinen Schrecken, weil wir in uns eine Heimat gefunden haben, den *Quell` aller Existenz*, der nie versiegen kann und sich *ewig ergießt in die Welt der Formen.* Im formlosen Sein verwurzelt zu sein verbindet uns mit dem tief empfundenen Wissen um das *ewigen Leben*, wir müssen es nicht mehr glauben, weil wir fortan in *direkter Verbindung* stehen mit diesem Wissen um die *Einheit und Heiligkeit allen Lebens!*

Wenn Du den Tod in Dein Gewahrsein aufnimmst, ihn einlädst, auch wenn er noch so schmerzvoll erscheint, wirst auch Du im Tod die Stille erkennen, das Zentrum aller Klarheit. Im Tod verlierst Du alles, Deine Erinnerungen, Deine Gedanken, Deinen Verstand, Deine Gefühle, *alles!*

Verweile einen Augenblick bei dieser Vorstellung, Du verlierst *alles!* Du wirst mit Deiner ganzen Persönlichkeit und Individualität von der Oberfläche dieses Planeten verschwinden, mit Deinen Gedanken, Träumen, Erinnerungen, Hoffnungen, Zielen, Wünschen – *alles Persönliche wird verschwinden!*

Aber eines kann nicht verschwinden, ignoriere es nicht, denn es liegt *ewig in Dir verborgen* und Du bist in ihm geborgen, es ist das *stille subtile Gewahrsein Deiner selbst, nicht* das fiktive Selbst, sondern das *wahre Selbst,* eigenschaftslos, neutral, unpersönlich und trotz allem wirklich - die Stille in Dir, das *bedingungslos liebende Bewusstsein, das Du bist – jetzt!*

Schaue auf dieses *Licht in Dir,* welches unermüdlich die Formen Deiner Existenz erhellt, ob es Dir bewusst ist oder nicht. Du bist dieses Bewusstsein, *Du bist das Licht der Welt!*

5. „Sei alles!"

Um die Geheimnisse des Lebens zu erfahren, können wir auch einen Ausflug in die Natur unternehmen. Wenn Du *wahrhaft* auf die Natur schaust, auf Berge, auf den Himmel, auf die Wolken, auf das natürliche Sein der Mitmenschen, auf das Gras, auf die Bäume und Dich diesem *reinen Betrachten der Natur* hingibst, erkennst und fühlst Du auf einer tieferen Ebene die präsente Stille in *allen* Erscheinungen der Natur. Ohne den Filter Deines Verstandes erkennst Du in diesen Momenten die *unendliche Weite des natürlichen Seins in allem.*

Die Natur lehrt Dich auf besondere Weise diese *weite Stille,* diesen *Raum der Bewusstheit,* diesen *Frieden* und plötzlich fühlst Du *keine Grenzen mehr* zwischen der Natur und Dir, da ist nur noch ein *vertrautes Einssein* mit der *ganzen Welt.* Das Leben ist in diesen Momenten der Stille *vollkommen* und *heilig,* es gibt in diesem Augenblick *nichts* zu verbessern.

Wenn Du Dich selbst erkennst in allen Erscheinungsformen der Natur, bist Du auf einer tiefen Ebene mit *allem* verbunden. Auf dieser Ebene gibt es keine Unterscheidung mehr zwischen uns und den Blumen, den Bäumen, dem Himmel und dem sog. anderen Menschen. Hier ist der *Friede*, die *Liebe*, hier ist *Dein Zuhause, Deine verloren geglaubte Heimat*, die *zeitlose Dimension Deiner wahren Identität*. In diesem Momenten verschmelzen die Grenzen zwischen Außen und Innen und Du gehst auf in allem und bist alles. *Zu erkennen, dass man alles ist, ist Liebe!*

Aber da kommen schon wieder die Gedanken in Dir auf, zwanghafte, konditionierte Gedanken und Gedankenmuster treten wie ungeladene Gäste in die Stille des Raumes in Dir ein. Schon ist es nicht mehr still in Dir und der gedankliche Lärm erfüllt immer mehr die *heilige Stille*. Du kannst nun darauf reagieren und mit diesen gedanklichen Energieformen, die ebenfalls zu Deiner Natur gehören, in Reaktion treten. Dadurch verstärkst Du diese Energien, gibst ihnen den Raum, sich zu entfalten. Oder Du machst Dir diesen Prozess des Lebens, diese Geburt, ja Inkarnation von Gedanken in Dir bewusst und akzeptierst diese Energien, indem Du sie willkommen heißt von dem *Ort des stillen Zeugen* in Dir. Nur auf letztere Weise kannst Du Dein Gewahrsein aufrecht erhalten, verstrickst Dich nicht wieder in die Welt der Gedankenformen, bleibst wachsam und kehrst somit erneut in die Stille zurück, bleibst *in ihr und bei Dir.*

Nur auf diese Weise kannst Du Dein Gewahrsein wieder auf die Stille in Dir richten, zwischen und hinter den Gedankeninhalten, die lediglich endliche Formen im Raum der unendlichen Stille darstellen. Die Gedanken verlieren auf diese Weise ihre oft bedrohliche Bedeutung und von dem Standpunkt des *unbewegten Bewegers*, des *stillen Zeugen in uns*, erkennen wir plötzlich, dass wir uns nicht mehr mit den Gedankeninhalten identifizieren. Diese Erkenntnis bringt große *Leichtigkeit* in unser Leben, da wir nun erkannt haben, dass es nur ein Gedanke war, mehr nicht! Genauso wie er entstanden ist, löst sich ein jeder Gedanke auch wieder auf in die Unendlichkeit und wir erkennen auf einmal glasklar, dass wir jeden Gedanken nur künstlich am Leben halten, wenn wir uns mit ihm identifizieren. Nur wenn wir unseren Gedanken den *notwendigen Raum* in uns geben, kann sich jeder Gedanke auch wieder auflösen in das Nichts. Wie alle Erscheinungsformen dieser Welt lassen wir auf diese Weise auch unsere Gedanken *einfach sein!*

Wenn wir auf diese Weise unsere Konzepte von uns selbst (das sind *sämtliche* gedankliche Vorstellungen von uns als Persönlichkeit!) verlieren, dann ist alles, was bleibt, *das, was ist.* In diesen Momenten der Stille sehen wir die Geschenke, die uns *das Leben unaufhörlich gibt* und große *Dankbarkeit* dem Leben gegenüber erfüllt unser Herz. Wir sind *in einem Augenblick nichts* und *zugleich alles!*

Wir transzendieren dadurch unser Denken und verlieren damit unser gewohntes *Gefühl der Trennung* von der Welt. Auf diese Weise scheinen wir völlig zu verschwinden, aber gleichzeitig ist da ein *endloser Raum der Liebe* in uns. Wir erkennen zugleich die *Leere des Nichts* und die *Fülle des Lebens.* In diesen Momenten sind wir nicht mehr in der

Welt der Formen und trotzdem voller Gegenwärtigkeit *anwesend.*

In unserem *Wesenskern* befindet sich ein *Same der Unbegrenztheit* und dieser Same wächst und erblüht *vom Unsichtbaren ins Sichtbare*, vom Herzen unseres Seins zum Leben an der Oberfläche der Erscheinungen, wo alles entsteht und vergeht. Dieser Same wird genährt durch das *Gewahrsein der Stille.*

In der Unmittelbarkeit des Augenblicks sind auf einmal alle unsere Sehnsüchte verschwunden. Eine tiefe Freude erfüllt uns, eine *grundlose Glückseligkeit*, die sich in uns ausbreitet und unser Herz mit *tiefem Mitgefühl für alles, was ist,* erfüllt.

Das *stille Sein,* welches Du bist, ist die einzige Konstante, die niemals vergeht – weil es *nichts und alles zugleich* ist, kann es weder erreicht werden noch verloren gehen, man kann es nicht nehmen und auch nicht geben und man kann es nicht verleugnen, weil es die Wurzel jeglicher Existenz hier auf Erden und des *gesamten Universums* ist!

Nur in der Stille erkennen wir die Wahrheit! Nur in der Stille sind wir *bewusst eins* mit uns selbst. In der Stille machen wir Urlaub von unseren Gedanken und Gefühlen, erholen uns vom äußeren Leben und vom Lärm der Welt. Wir fühlen unsere innere Natur, wir fühlen uns wie eine Blume, die erblüht. Auch die Blume macht beim Erblühen keinen Lärm, sie öffnet sich dem Leben aus der ihr innewohnenden Stille.

Alles *Wahrhaftige*, *Lebendige* und *Gute* wächst aus der Stille in uns. Es gibt viele Arten von Lärm, aber es gibt nur diese *eine Stille*, die alles umfasst und beinhaltet, und der wir uns daher voller Dankbarkeit in jedem Augenblick unseres Daseins öffnen können – auch *jetzt!*

Wir richten unser Gewahrsein auf die Stille in uns und werden auf stille Weise zur *Richtschnur für die Welt.* Denn wenn alles still ist in uns, ordnet sich die Welt gemäß ihrem kosmischen Plan. In uns lebt der *„unbewegte Beweger",* in uns liegt der weite Sternenhimmel, der *still und bewegt zugleich* ist. Je stiller wir werden, desto mehr *leben* wir unser *wahres Sein* bestimmungsgemäß jenseits von Konzepten.

Die Stille ist eine Art *Raum der Erkenntnis,* indem die *tiefe Intelligenz des Lebens* verborgen ist. Wenn Du in diesen Raum eintrittst, begegnest Du Dir unmittelbar, von Angesicht zu Angesicht. Auf diese Weise kehrst Du in Dich selbst ein und wirst wahrhaftig zu dem, der Du bist. Die Augenblicke der Stille sind daher die *kostbarsten Juwelen* unseres Menschseins, sie sind die wahren Entdeckungen der Menschheit, denn sie führen zur direkten Erkenntnis dessen, wer wir sind. Wir sind nun zu *wahrhaft Liebenden* geworden!

Aber nur, wenn Du den Mut hast, Deine ausgetretenen Pfade zu verlassen, tief in das *unbekannte Land der Stille* eindringst und dabei alles andere hinter Dir lässt, entdeckst Du *Deine innere Welt* und damit Deine wahre Natur *unmittelbar* – dann ist die Stille *heilig* und wird zur *größten Offenbarung* in Deinem Leben.

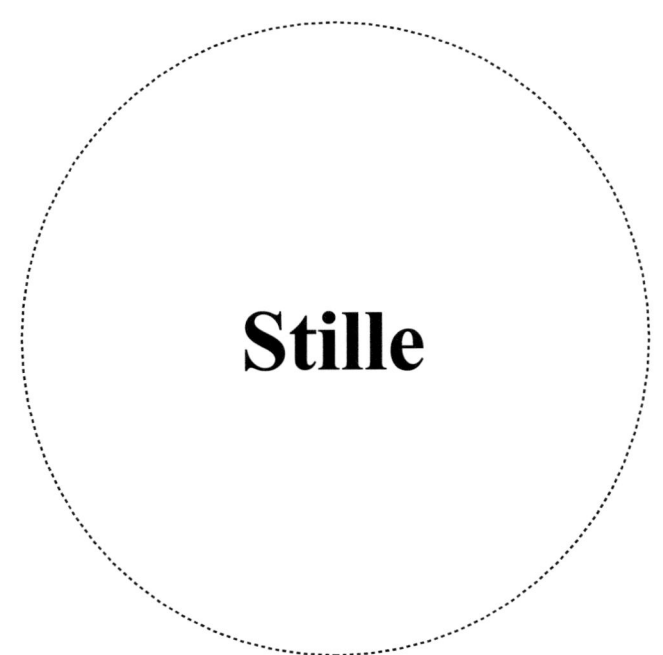

Stille

6. „Sei still und wisse – ich bin GOTT!"

Wenn wir in die Stille gehen, verlieren wir nach und nach unsere Persönlichkeit, denn die Stille ist *unpersönlich* und frei von Konditionierungen, Konzepten, Konflikten. Wir können uns kein Bild von der Stille machen, wir können sie nur *erfahren* und *erkennen* in uns. In dieser Stille erfahren und erkennen wir GOTT!

Wir erkennen den *göttlichen Funken in uns* und das mag für einige der Leserinnen und Leser ähnlich wie der Titel dieses Buches blasphemisch klingen:

Sei still und wisse – ich bin GOTT!
(Psalm 46,11)

Doch in der Tiefe unseres Seins sind wir nicht die Stille als eine Person und so sind wir nicht GOTT in Person. Vielmehr wirkt das Göttliche in uns, manifestiert sich das *alles umfassende Sein* in der Welt und wird erst dadurch zur personalen Erscheinung, zur Person. Doch unser *formloses*

Sein ist *völlig unpersönlich* und *frei* – machen wir also nicht den Fehler, uns erneut mit einer Gedankenform namens „GOTT" zu identifizieren auf einer persönlichen Ebene. Es gibt *nichts Persönliches* an der Stille. Verfallen wir also nicht einem spirituellen Hochmut und erkennen, dass wir im Innersten *eins sind* mit der Stille, mit *Gott*, mit dem *Urgrund aller Dinge* verbunden im Zustand des Seins. Dann begegnest Du Dir, wie Du wirklich bist als das *undenkbare Eine.* Es heißt:

Sei still und **wisse** – ich bin GOTT!

Es handelt sich hier um ein tief empfundenes Wissen, ein Mysterium, nicht zu verwechseln mit den oberflächlichen Konzepten des Verstandes. Es ist kein Glaube an etwas, sondern ein Wissen um etwas, ein *wortloses Verstehen*, ein *Einverstandensein* mit dem, was ist. Wir müssen hier nicht an einen Gott glauben, nein, wir dürfen das göttliche Prinzip in uns *lebendig erfahren* durch die *Kraft der Stille.* Ein Glaube ist ebenfalls nur ein Gedanke an etwas, hier gehen wir durch die *gedankenfreie Stille* über den Verstand hinaus und erkennen *wissend* das Ewige, Unzerstörbare, Unberührbare, Unantastbare, den *göttlichen Funken in uns!*

Diese *unpersönliche, grenzenlose Energie* ist überall vorhanden, *gerade jetzt und hier* tritt sie in Erscheinung, in *jedem Moment des Seins*. Es gibt eine schöne Metapher von dem Licht eines Filmprojektors. Das Licht scheint auf den Film des Lebens, *unpersönlich* belichtet es den gesamten Film, belebt alle Schauspieler des Films in gleicher Weise, die Guten und die Bösen, *es wertet nicht*. Vergleichbar mit der Sonne, die ohne Urteil alle Lebenformen auf der Erde erhält und erhellt. Es ist daher nicht verwunderlich, dass die Sonne in alten Kulturen als göttliches Symbol verehrt wurde. So belebt und erhellt die Stille wie eine *„innere Sonne"* den *grenzenlosen Raum in uns* sowie alles in dieser Welt und spiegelt sich in jeder Existenz wider, in der Stille *spricht Gott* als das *eine Leben* zu uns!

Es gibt eine ganze Anzahl verschiedener meditativer oder kontemplativer Übungen in den unterschiedlichen spirituellen Traditionen. Aber wenn wir die Stille finden möchten, dürfen wir nicht den Fehler begehen, *in der Zukunft* danach zu suchen. Stille ist *hier* und *jetzt* verfügbar und kostet nichts! Eine Minute vollständigen, wachen Gewahrseins der tiefen Stille in Dir ist hier und jetzt heilsamer als eine Meditationspraxis von 30 Jahren, bei der der Meditierende sich sein spirituelles Glück in der Zukunft erhofft. Aussagen wie „Ich meditiere schon 30 Jahre und habe immer mehr zu mir gefunden durch meine Meditationspraxis!" erscheinen aus der Sichtweise der gedankenfreien Stille bedeutungslos, ja geradezu lächerlich. Wie sollte man durch eine Methode, die auf ein *zukünftiges Ziel* hinweist, zu sich selbst finden – *unmöglich!* Methoden und Techniken sind vom Menschen gemacht, das Leben kennt keine Methoden und Techniken! Eine Methode benötigt stets Zeit, weil sie auf *ein Ziel in der Zukunft* gerichtet ist. Es kostet Dich jedoch keine Zeit, in *diesem einen Augenblick zu sein, wer Du bist!* Nur in der *Gegenwärtigkeit des Seins, in der Mitte des lebendigen Seins* findest Du Dich, nur *hier* und *jetzt* existierst Du wirklich, alles andere, Ziele, Hoffnungen, Praktiken, Wünsche etc. sind nur Konzepte Deines Verstandes, der Dir vortäuscht, dass die *Selbstfindung von irgendwelchen Bedingungen abhängig* ist. Nur im Augenblick der Stille findest Du Dich im *zeitlosen Hier und Jetzt!* Diese vielen Methoden auf dem spirituellen Markt haben sicherlich ihren Platz, ihre Berechtigung, doch lenken sie uns solange von der Stille in uns ab, bis wir die Sinnlosigkeit derartiger Praktiken erkennen, die auf ein zukünftiges Ziel gerichtet sind. Denn Du kommst niemals dort an, wo Du denkst, hinkommen zu müssen. Du kannst nicht glücklich werden, Du kannst nur glücklich sein. Wann? *Jetzt!* Vertraue also der Stille, Deiner wahren Natur!

Für die meisten Menschen ist Gott nur ein Konzept, ein Ideal, eine Theologie, eine Superinstanz, die man außerhalb von sich selbst vermutet, die man fürchten, ehren und anbeten muss. Wie können wir Gott, diese *grenzenlose Liebe an sich*, zu einem gedanklichen Objekt machen, welches man benennen, anbeten, kontrollieren und besitzen kann? Wenn wir die *absolute Stille* realisieren, lassen wir diese naiven Glaubensvorstellungen von einem *Gott als Objekt* weit hinter uns und erfahren direkt, dass Gott weder philosophisch noch theologisch zu erfassen ist durch ein wissenschaftliches Gedankengebäude, aber er ist *erfahrbar* durch das *genaue Gegenteil* von Gedanken – durch die *gedanken- und gefühlsfreie Stille* in uns!

Von klein auf haben wir durch die Konditionierung seitens unserer Bezugspersonen gesagt bekommen, was die Wahrheit sein soll. Aber die Wahrheit lässt sich nicht fassen, weder durch ein Ding, noch durch Traditionen oder Glaubensvorstellungen. Es ist umgekehrt so, dass die Stille in uns all dieses beinhaltet, auch die *Wahrheit des Lebens.* Nur durch die Stille erfahren wir die Essenz des Seins, nicht durch den gedanklichen Lärm der Welt. Gib` für *diesen einen Moment* alle gedanklichen Konzepte auf, die Du im Laufe der Jahre angesammelt hast, nur für diesen einen Augenblick und plötzlich erkennst Du das Ewige, Endlose, *die Liebe selbst!*

Sei still und erkenne, wer Du *wirklich* bist! Erkenne Deine wahre Identität, Dein *ewiges Sein*. Alles, was Du jemals getan oder geglaubt hast, ist jetzt zweitrangig, was wirklich zählt ist die Tatsache Deines *Daseins an sich*, dass Du bist. Schließlich löst sich auch dieses „*Ich bin*" auf in Grenzenlosigkeit, selbst das „Ich" fällt weg und übrig bleibt reines *unpersönliches Gewahrsein, göttliches Sein!*

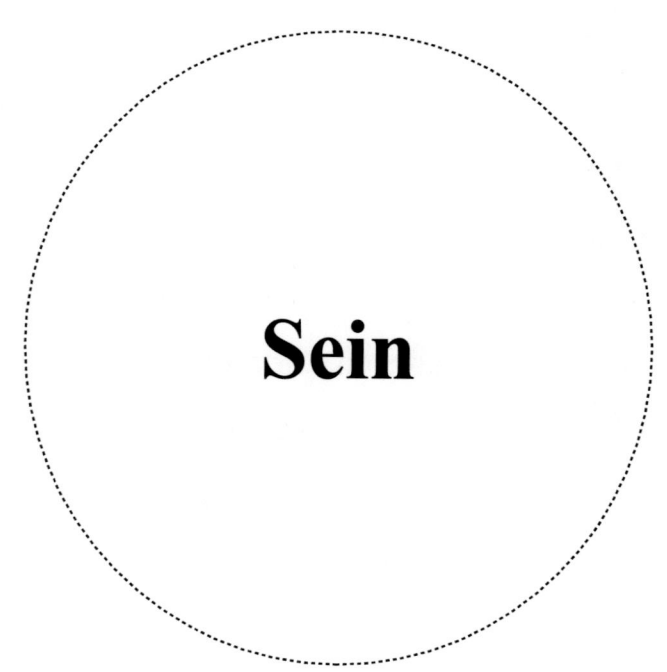

Sein

7. „Sei still!"

Im Zustand wahrer Stille gibt es weder Frau noch Mann, weder Schwarz noch Weiß, weder arm noch reich, weder jung noch alt, weder schön noch hässlich, weder krank noch gesund, weder schuldig noch unschuldig, weder lebend noch tot, weder Vergangenheit noch Zukunft. In dieser *offenen Stille* lösen sich alle Gegensätze des Lebens zur *Einheit* auf, ist alles gleich und hat seinen Platz, wertfrei und voller innerer Schönheit. In diesem Nichts sind wir alle gleich, Du und ich. In diesem Zustand leben wir nicht mehr die Lebenslüge, dass es ein *persönliches Ich* gibt, was getrennt von allen anderen Menschen existiert, nein, hier in diesem Zustand des Seins *leben* wir die *göttliche Einheit* und die *Verbundenheit mit allem!* Aber dies ist kein Glaube, sondern ein *tiefes Wissen*, welches aus unserem Innersten aufsteigt als *unumstößliche Wahrheit*, als innerer Friede, der den Verstand übersteigt. Da erkennen wir uns mit einem Mal in dem anderen, nicht als Person, sondern auf der Ebene des *formlosen Seins liebend verbunden* mit allen Lebewesen, mit *allem Leben,* ja mit dem *einen Leben.*

Dieses *großartige Mysterium* kann man nur auf dem Grund des Herzens realisieren, nur in der Tiefe kannst Du es erkennen, in *gedankenfreier Stille*. Der dann empfundene *Frieden* überschreitet jegliches Denken und Verstehen!

Unaufhörlich zweifelt der Verstand an solchen Aussagen wie in diesem Buch. Er möchte nicht stillstehen, Fragen tauchen aus der Stille auf. Was soll denn das Ganze bewirken? Warum soll ich mich nach innen wenden, meiner wahren Natur gewahr werden, was habe ich denn überhaupt davon? Was soll das ganze Gerede von der Stille, das ist doch langweilig!

Nun, aus Sicht des Verstandes ist der Inhalt dieses Buches sehr langweilig und ergibt einfach keinen Sinn! Denn der Verstand kann nur begreifen, was *sichtbar* und *objektiv wahrnehmbar* ist, und sei es nur ein gedankliches Konzept. Aber das Thema dieses Buches handelt von der *konzeptfreien Stille in Dir*, die gedanklich niemals erfasst werden kann. Daher bringt uns ein Nachdenken über dieses *„ewige und objektlose Subjekt"* nur weiter weg von uns selbst.

Ohne die Freiheit von Gedanken leben wir ein Leben in der *Dualität von Gut und Böse* und das bedeutet ein Leben in einer *ewigen Disharmonie.* Aber in Dir ist diese Instanz, die *Seele,* der Boden, für den diese Worte zu fruchtbaren Samen werden für die *innere Verwandlung!*

Bei der Stille geht es daher um eine *lebendige Erfahrung,* die ohne den Filter des Verstandes erfahren, ja gefühlt werden kann auf der *Ebene des reinen Seins.* Aus Sicht des Verstandes bringt diese lebendige Erfahrung der Stille in Dir überhaupt gar nichts. Aber aus der *Perspektive des offenen Gewahrseins* im *Zustand des Nichtwissens* ist die Verbundenheit mit dem Sein, die *Verankerung in der Stille* das kostbarste Geschenk, was wir uns selbst bereiten können. Sich auf diese Weise selbst zu finden, ist die *wichtigste Aufgabe des Menschen hier auf Erden!* Die Stille ist die *Sprache Gottes,* die *Sprache des Lebens selbst!* Alles andere ist nur eine schlechte Übersetzung! In tiefer Stille erkennen wir, dass wir nichts anderes sein können, als wir schon sind! Das Sein ist immer schon so, wie es ist! Innerer Widerstand gegen das, was ist, bedeutet *Widerstand gegen das Leben selbst!* Nur wenn wir still werden, spüren wir das Leben in uns, das *lebendige Sein.* In dieser *heilsamen Stille* erfahren wir den *Atem Gottes!* Gib` die äußere Suche auf, finde den Raum der Stille in Dir, erwache und nimm` teil an der Feier des Lebens! Und falls wir im Alltag des Lebens eine *Rückbindung,* eine *Erinnerung* oder einen *gedanklichen Anker* als Fingerzeig benötigen, der uns das Gesagte wieder in unser *Bewusstsein* zu bringen vermag, besteht dieser Anker aus den zwei kleinen Worten:*„ Sei still! "*

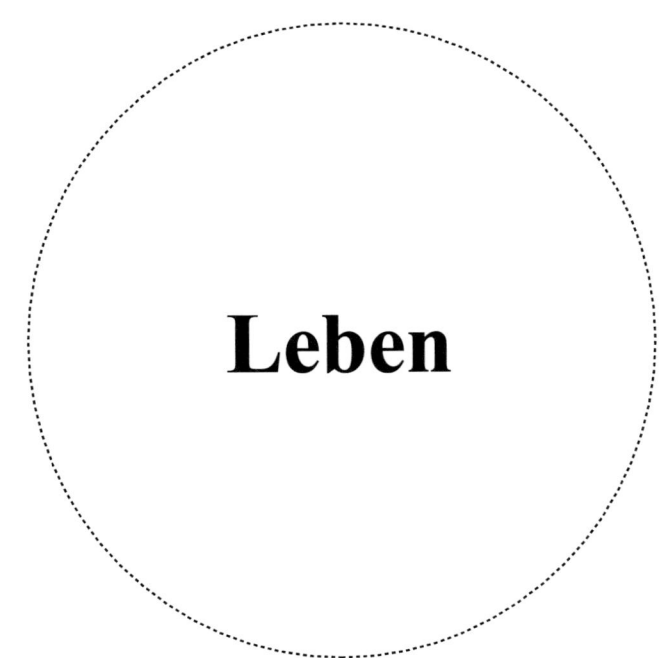

Leben

Zum Autor

Detlef Rathmer (geb. 1968) ist staatlich geprüfter Heilpraktiker und Leiter der *Sehgal-Schule für Revolutionierte Homöopathie (SfRH)* in Billerbeck. Seit vielen Jahren bildet Detlef Rathmer selbst Heilpraktiker im naturheilkundlichen und schulmedizinischen Bereich aus. Praxisschwerkunkt ist seit 2002 die *„ganzheitliche Behandlung von Patienten nach der Sehgal-Methode"*.

Im März 2008 erschien von ihm das autodidaktische Lern- und Arbeitsbuch *„Fallanalyse in der Homöopathie nach Sehgal"* im Eva Lang Verlag.

Im November 2008 erschien sein Ratgeber zur Lebenskunst für den Alltag *„7 Wege zu Dir selbst"*, eine Art spiritueller Reiseführer zu sich selbst, im Mankau Verlag.

Wollen Sie mit dem Autor in Kontakt treten, dann bitte unter folgender e-mail:

detlefrathmer@online.de

Weiter Informationen zu der Arbeit des Autors erhalten Sie im Internet unter der Web-Seite:

www.sehgal-schule.de

Raum für Notizen und für die Stille

zwischen den Worten:

Weitere Bücher des Autors:

"Fallanalyse in der Homöopathie nach Sehgal"

Autodidaktisches Lern- und Arbeitsbuch anhand von 36 Fällen

Ein geniales autodidaktisches Lern- und Arbeitsbuch. Der Leser kann selbständig oder Schritt für Schritt die Fallanalyse bzw. die Interpretation der Patientenäußerungen und ihre Transformation in Repertoriumsrubriken anhand von 36 Fällen aus der Praxis üben und nachvollziehen. Ein sehr interessantes und lehrreiches Übungsbuch.

320 Seiten Broschur, ISBN 978-3-937466-39-2, Preis: 56,- €, erschienen im Eva Lang Verlag.

„*7 Wege zu Dir selbst*"

Lebenskunst für den Alltag

"Das Glück wohnt nicht im Besitze und nicht im Golde,

das Glücksgefühl ist in der Seele zu Hause."

Demokrit von Abdera, 460 - 371 v. Chr.

Viele Ratgeber bieten dem spirituellen Sucher ihre Hilfe an, wenn es darum geht, die äußeren Lebensumstände zu verbessern oder Erfolge zu erringen. Dabei finden wir das wahre Glück nur dann, wenn wir uns selbst finden. Die Antwort auf alle Lebensfragen liegt nicht im Äußeren, sondern im Inneren verborgen. Hier ist die Quelle aller Seinserfahrung und der Schlüssel zu einem erfüllten Leben. Das Buch versteht sich daher als ein ständiger Wegbegleiter und guter

Freund, der praktische Anleitungen und Hinweise gibt, aber nicht die Entscheidungen für das eigene Leben abnimmt. Auf sieben einfachen, aber sehr effektiven Wegen treten Sie mit ihm zusammen eine spannende Reise an, deren Ziel Sie selbst sind.

Den Atem zu beobachten, Gedanken und Gefühle zu betrachten, die Stille und Weite des Raums zu erfahren, den inneren Körper zu spüren, um sich schließlich dem Sein hinzugeben, nach innen zu sehen und die Gegenwärtigkeit zu erkennen - das bedeutet: auf sieben Wegen zu Dir selbst zu finden und das Bewusstsein der Liebe zum Leben zu entwickeln!

Pressestimmen zu dem Buch „7 Wege zu Dir selbst":

"Das Buch versteht sich daher als Wegbegleiter und guter Freund, der praktische Anleitungen und Hinweise gibt, aber nicht die Entscheidungen für das eigene Leben abnimmt. Es beschreibt sieben einfache, aber effektive Wege nach innen (...)."
Prisma Südbayern, November 2008

"Ein inspirierendes Buch, das sich als Wegbegleiter in den unterschiedlichsten Lebenslagen bewährt."
büchermenschen, 4/2008

"(...) Detlef Rathmer - der Autor dieses wunderbaren Buches - war früher Jurist, ist heute staatlich geprüfter Heilpraktiker (...). Auf sieben einfachen, aber sehr effektiven Wegen kannst du mit ihm zusammen eine spannende Reise antreten, deren Ziel DU selbst bist."
Wege, 3/2008

115 Seiten, ISBN 978-3-938396-23-0, Preis: 9.95 €,
erschienen im Mankau-Verlag

Stille